MÉDAILLES

GRECQUES, ROMAINES, OSTROGOTHES

VANDALES ET BYZANTINES

Provenant du Cabinet de M. P***

ANTIQUITÉS CHYPRIOTES

BIJOUX ET VERRES ANTIQUES

DONT LA VENTE AUX ENCHÈRES PUBLIQUES AURA LIEU

Hôtel des Commissaires-Priseurs, rue Drouot, 5

Salle n° 6, au premier étage

Les Lundi 19 et Mardi 20 Mai 1873,

A UNE HEURE PRÉCISE

Me **DELBERGUE-CORMONT**, Commissaire-Priseur, 8, rue de Provence

M. **H. HOFFMANN**, Expert en Médailles, 33, quai Voltaire

Chez lesquels se distribue ce Catalogue.

EXPOSITION PUBLIQUE

Le Dimanche 18 Mai, de une heure à cinq heures.

PARIS — 1873

MÉDAILLES

GRECQUES, ROMAINES, OSTROGOTHES

VANDALES ET BYZANTINES

Provenant du Cabinet de M. P***

ANTIQUITÉS CHYPRIOTES

BIJOUX ET VERRES ANTIQUES

DONT LA VENTE AUX ENCHÈRES PUBLIQUES AURA LIEU

Hôtel des Commissaires-Priseurs, rue Drouot, 5

Salle nº 6, au premier étage

Les Lundi 19 et Mardi 20 Mai 1873,

A UNE HEURE PRÉCISE

Me **DELBERGUE-CORMONT**, Commissaire-Priseur, 8, rue de Provence

M. **H. HOFFMANN**, Expert en Médailles, 33, quai Voltaire

Chez lesquels se distribue ce Catalogue.

EXPOSITION PUBLIQUE

Le Dimanche 18 Mai, de une heure à cinq heures.

PARIS — 1873

CONDITIONS DE LA VENTE

Elle sera faite expressément au comptant.

Les acquéreurs payeront *cinq pour cent* en sus des prix d'adjudication.

Les lots pourront être divisés ou réunis au gré de l'expert.

PARIS. Typ. PILLET fils aîné, 5, rue des Grands-Augustins.

MÉDAILLES GRECQUES

1. **Osca**. Tête barbue. ℞. Cavalier. Légende celtibérienne. Æ. 2 pièces variées.
2. **Marseille**. Tête nue de jeune homme à g. ℞. MA dans une roue à 4 rayons. Æ. 5 pièces.
3. **Samnites**. Tête laurée de l'Italie à g. Légende osque : *Veitelio*. ℞. Guerrier à côté d'une protome de bœuf. A l'exergue, N. Æ.
4. **Rome**. Double tête laurée imberbe. ℞. Quadrige de Jupiter. A l'exergue, légende incuse : *Roma*. Æ. Fr. en Campanie.
5. — Même pièce, plus petite, avec légende en relief. Æ.
6. **Vélia**. Tête de Minerve à g. ℞. Lion à g. ΥΕΛΗΤΩΝ. Æ. — Même tête à dr. ℞. Lion à dr. Æ.
7. **Thurii**. Tête de Minerve à dr. ℞. Taureau cornupète. ΘΟΥΡΙ... A l'exergue : poisson. Æ.
8. **Bruttium**. Tête barbue casquée à g. ℞. Minerve armée courant vers la dr. ΒΡΕΤΤ.... — Têt d'Hercule. ℞. Le même. ΒΡΕΤΤΙΩΝ. — Tête laurée de Jupiter. ℞. Guerrier combattant; même légende. — 3 p. de BR.
9. **Tarente**. Taras sur le dauphin. ΤΑΡΑΣ. ℞. Cavalier à dr. brandissant une lance. Æ. 2 pièces. — Même avers. ℞. Jeune cavalier à g. ΦΙΛΩΤΑΣ. Æ.
10. **Agrigente**. Crabe, poisson et la lettre K. ℞. Aigle dévorant un lièvre. Æ.
11. **Panorme**. Tête de Cérès à g. ℞. Cheval. OR.
12. — Tête de femme à g., dauphin dans le champ. ℞. Buste de cheval à g. Lettres puniques. Æ.
13. **Syracuse**. Tête d'Aréthuse à g., couronnée de roseaux et entourée de dauphins. Signature d'artiste : ΕΥΑΙΝΕΤΟΣ. ℞. Quadrige à g. A l'exergue : pièces d'armure. ΑΘΛΑ. Grand médaillon d'Æ. Très-beau.
14. — Tête de Vénus, couronnée de myrte, à g. ℞. Trépied. ΣΥΡΑΚΟΣΙΩΝ. OR.

15. — Tête de femme de l'ancien style, entourée de 4 dauphins. ΣΥΡΑΚΟΣΙΟΝ. ℞. Bige couronné par la Victoire. Tétradrachme en Æ.

16. — Tête diadémée de femme à g., entourée de 4 dauphins. ΣΥΡΑΚΟΣΙ.... ℞. Quadrige à g., couronné par la Victoire. Tétradrachme en Æ.

17. — Tête diadémée de femme à dr., entourée de dauphins. ΣΥΡΑΚΟΣΙΟΝ. ℞. Bige à dr., couronné par la Victoire. Tétradrachme d'Æ.

18. **Thrace**. Buste du roi Lysimaque. ℞. Minerve assise à g. ΒΑΣΙΛΕΩΣ ΛΥΣΙΜΑΧΟΥ. Tétradrachme d'Æ.

19. **Thasos**. Satyre emportant une femme. ℞. Carré creux. Æ.

20. **Macédoine**. Buste de Diane au milieu d'un bouclier macédonien. ℞. Massue dans une couronne de chêne. ΜΑΚΕΔΟΝΩΝ ΠΡΩΤΗΣ. 3 monogrammes. Tétradrachme en Æ.

21. **Philippe II**. Buste barbu et lauré à dr. ℞. Cavalier. ΦΙΛΙΠΠΟΥ. Fabrique barbare. Æ.

22. **Alexandre III**. Tête d'Hercule. ℞. Jupiter aétophore assis à g. ΑΛΕΞΑΝΔΡΟΥ. Tétradrachme d'Æ.

23. **Persée**. Tête diadémée. ℞. Dans une couronne de chêne: aigle perché sur le foudre. ΒΑΣΙΛΕΩΣ ΠΕΡΣΕΩΣ. Tétradrachme d'Æ.

24. **Athènes**. Tête de Minerve de l'ancien style. ℞. Chouette. ΑΘΕ. Feuille d'olivier. Tétradrachme d'Æ.

25. — Tête de Minerve à dr. ℞. Chouette assise sur une amphore. ΑΘΕ. ΑΜΦΙΚΡΑΤΗΣ, etc. Tétradrachme d'Æ.

26. **Ligue achéenne**. Tête laurée de Jupiter. ΑΙΓΙЄωΝ. ℞. Dans une couronne : ΑΧ et ΑΡΙΣΤΟΔΑΜΟΣ. — Même tête. ℞. ΑΧ et quelques lettres. 4 pièces. Æ.

27. **Corinthe**. Tête de Minerve à g. Coq et étoile. ℞. Pégase à g. 2 pièces. Æ.

28. **Apamée**. Cistophore. ℞. Deux monogrammes. Æ.

29. **Rhodes**. Tête d'Hélios à dr. ℞. Rose. ΑΡΤΕΜΩΝ. Æ. — Autre drachme. Æ.

30. **Lycie**. Tête laurée d'Apollon de l'ancien style. ℞. Lyre. ΜΑ dans un carré creux. Æ.

31. **Sidé** de Pamphylie. Tête casquée de Minerve. ℞. Victoire à g. ΔΕΙ. Tétradrachme. Æ.

32. **Antiochus VIII**, roi de Syrie. Tête diadémée dans un cordonnet. ℞. Jupiter à g. ΒΑΣΙΛΕΩΣ ΑΝΤΙΟΧΟΥ ΕΠΙΦΑΝΟΥΣ. Tétradrachme d'Æ.

33. **Tyr.** Tête laurée. ℞. Aigle à g. ΤΥΡΟΥ ΙΕΡΑΣ..... **Tétradrachme** d'Æ.
34. — Autre exemplaire. ΤΥΡΟΥ ΙΕΡΑΣ ΚΑΙ ΑΣΥΛΟΥ.
35. — Autre exemplaire.
36. — Didrachme. Æ.
37. **Perse.** Tête barbue et laurée. ℞. Vaisseau; lettres sémitiques. Darique et demi-darique. Æ.
38. **Parthes.** Mithridate Ier. Tête à g. ℞. Le roi assis à dr. ΜΕΓΑΛΟΥ ΑΡΣΑΚΟΥ, etc. Æ.
39. — Même roi. Tête mitrée à g. Æ. Très-belle.
40. — Mithridate III. Tête diadémée à g. Æ.
41. **Sâsânides.** Artaxerce Ier. Tête à dr. Légende pehlvi. ℞. Le pyrée. Æ.
42. — Hormisdas IV. Æ.
43. — Chosroës II. Æ.
44. **Ptolémée Soter.** Tête diadémée. ℞. Aigle assis sur le foudre. ΠΤΟΛΕΜΑΙΟΥ ΒΑΣΙΛΕΩΣ. Tétradrachme d'Æ.
45. **Juba,** roi de Maurétanie. Buste barbu à dr., avec un sceptre. REX.IVBA. ℞. Temple. Æ.
45 *bis*. Autre exemplaire.

MÉDAILLES ROMAINES

La plupart des monnaies de bronze de cette collection sont dans un excellent état de conservation et se recommandent surtout par la beauté de leur patine.

46. **Auguste.** ℞. Apollon d'Actium. *Imp.* X. OR.
47. — *Divus Augustus.* ℞. Restitution de Nerva. GB.
48. — ℞. Auguste assis à g. *Consensus senat. et eq. ordin. p. q. r.* MB.
49. — ℞. Foudre ailé. MB.
50. **Auguste et Agrippa.** MB de la colonie de Nîmes. ℞. Crocodile.
51. **Agrippa.** ℞. Neptune debout. MB.
52. **Livie.** *Salus Augusta.* MB.
53. — Autre exemplaire.
54. — Carpentum. *S. p. q. r. Juliae August.* GB.
55. **Tibère.** ℞. *Tribun. potest.* XXIIII. *pontif. maxim.* MB.
56. **Drusus.** Deux têtes d'enfants sur des cornes d'abondance. GB.
57. — ℞. *Tribun. potest. iter. pontif.* MB.
58. **Agrippine mère.** ℞. *Ti. Claudius Caesar Aug. Germ. p. m. tr. p. imp. p. p.* GB.

59. **Caligula.** ℞. Allocution d'une cohorte. GB
60. — ℞. Vesta assise à g. MB.
61. — La Piété assise à g. ℞. Sacrifice devant un temple. GB.
62. **Claude.** ℞. *Constantiae Augusti.* OR.
63. — ℞. L'Espérance debout à g. *Spes Augusta.* GB.
64. — ℞. Même sujet. Restitution de Vespasien. GB.
65. — ℞. Dans une couronne de chêne : *Ex s. c. ob cives servatos.* GB.
— Minerve brandissant sa lance. MB.
66. **Néron.** ℞. *Pontif. max. tr. p.* VIIII, *cos.* IIII, *p. p.* OR.
67. — ℞. Le port d'Ostie. GB.
68. — ℞. *Decursio.* GB.
69. — ℞. Rome assise à g. A l'exergue : *Roma.* GB.
70. — ℞. Arc d'honneur. GB.
71. — ℞. Victoire à g., portant un bouclier avec l'inscription : *s. p. q. r.* MB.
72. **Galba.** ℞. La Liberté publique. GB.
73. — Autre exemplaire.
74. — ℞. Dans une couronne : S. *p. q. r. ob civ. ser.* GB.
75. — ℞. L'Equité de l'Auguste. MB.
76. **Vitellius.** ℞. Victoire écrivant sur un bouclier. GB.
77. — ℞. La Concorde assise à g. MB.
78. **Vespasien.** ℞. La Paix assise à g. *Cos. iter. tr. pot.* OR.
79. — ℞. *Fortunae reduci.* MB.
80. — ℞. *Pax Augusti.* GB.
81. — Autre exemplaire. GB. — ℞. Rome assise à g. A l'exergue : *Roma.* MB.
82. — Rome debout à g. *Roma.* GB.
83. — Victoire écrivant sur un bouclier : *ob civ. ser.* GB.
84. **Titus.** ℞. La Santé assise, à g. MB.
85. — ℞. L'Espérance à g. GB.
86. **Domitien.** ℞. Barbare à genoux présentant une enseigne militaire. *Cos.* V. — OR.
87. — ℞. Autel allumé. *Princeps iuventutis.* OR.
88. — ℞. Jupiter *Victor* assis à g. GB.
89. — Autre exemplaire.
90. — Autre exemplaire.
91. — ℞. Sacrifice devant un temple. *Cos.* XIIII *lud. saec. fec.* MB.
92. — Autre exemplaire.
93. **Nerva.** ℞. Deux mains jointes. *Concordia exercituum.* MB.
94. **Trajan.** ℞. Tête radiée du Soleil. *Parthico p. m. tr. p. cos.* VI, etc OR.

95. — ℞. Déesse assise à g. portant un sceptre et une branche d'olivier. *Tr. pot. cos.* II *p. p.* GB.
96. — ℞. La Félicité. GB.
97. — Autre exemplaire.
98. — ℞. Pont du Danube. GB.
99. — ℞. Trajan à cheval terrassant un barbare. *S. p. q. r. optimo principi.* GB.
100. — ℞. La Victoire écrivant sur un bouclier : *Vic. Dac.* GB.
101. — ℞. La Dacie assise, à g. devant un trophée. GB.
102. — ℞. Rome assise, à g. GB.
103. — ℞. Trois enseignes militaires. MB.
104. — ℞. La Fortune assise à g.; à l'exergue : *Fort. red.* GB.
105. **Hadrien**. ℞. Cavalier à g. *Cos.* III. — OR.
106. — ℞. *Adventus Aug.* MB.
107. — ℞. Galère ; dans le champ : *Felicitati Aug. cos.* III, *p. p.* GB.
108. — ℞. Galère ; même légende, circulaire. GB.
109. — ℞. L'Allégresse. *Cos.* III. — GB.
110. — Autre exemplaire.
111. — ℞. La Justice assise à g. GB.
112. — ℞. La Monnaie. GB.
113. — ℞. La Providence à g. GB.
114. — ℞. *Restitutor orbis terrarum.* L'empereur relevant une femme tourelée. GB.
115. — ℞. La Santé donnant à boire à un serpent. GB.
116. — La Valeur (*Virt. Aug.*) debout à g. GB.
117. — La Paix debout à g. *P. m. tr. p. cos.* III. — MB.
118. — La Santé à g. *Cos.* III.—MB.
119. — ℞. Rome assise à g. *Cos.* III. — GB.
120. — ℞. La Valeur debout à g. *Cos.* III. — GB.
121. — ℞. Diane debout à g. GB.
122. **Sabine**. ℞. Vesta assise à g. *Vesta.* GB.
123. — ℞. Cérès assise à g. Sans légende. GB.
124. — ℞. Même type. MB.
125. — ℞. Junon debout. *Junoni reginae.* MB.
126. **Antonin**. ℞. *Liberalitas Aug.* III. — OR.
127. — ℞. L'Annona debout à g. GB.
128. — ℞. La Félicité portant un grand caducée. GB.
129. — ℞. L'Italie assise à g. A l'exergue : *Italia.* GB.
130. — Autre exemplaire.
131. — ℞. Congiarium. A l'exergue : *Liberalitas Aug.* GB.
132. — ℞. Le Tibre assis à g. *Tiberis.* GB. Sur un large flan.

133. — ℟. L'empereur debout, un nimbe autour de la tête. *Cos.* IIII. — GB.

134. — ℟. Femme debout, portant des épis et un plateau chargé de fruits. *Tr. pot. cos.* II. — GB.

135. **Antonin et Marc-Aurèle.** Tête laurée d'Antonin. ℟. Tête de Marc-Aurèle jeune. *Aurelius Caesar Aug. F.* III *cos.* OR.

136. **Faustine mère.** Buste à dr. DIVA FAVSTINA. ℟. Paon faisant la roue. CONSECRATIO. Beau quinaire d'or.

On ne connait de cette rarissime médaille qu'un seul exemplaire, au musée de Londres. Cohen, 75.

137. — ℟. L'Éternité. GB.

138. — ℟. Faustine portée par un aigle. *Consecratio.* GB sur un large flan.

139. **Marc-Aurèle.** Tête nue. *Aurelius Caesar Aug. pii f.* ℟. Femme portant des épis et un plateau chargé de fruits. *Tr. pot.* II, *cos.* II. — OR.

140. — ℟. L'Allégresse. MB.

141. — ℟. Jupiter Nicéphore assis à dr. *Imp.* VI, *cos.* III. — GB.

142. — ℟. Pallas debout à g. *Tr. pot.* VIII, *cos.* II. — GB.

143. — ℟. Mars debout. *Tr. pot.* XIX, *imp.* II, *cos.* III. — GB.

144. **Faustine jeune.** ℟. La Santé assise à g., donnant à boire à un serpent. OR.

145. — ℟. Vénus *victrix* debout à g. GB.

146. — ℟. Vénus *felix* assise à g. GB.

147. **L. Vérus.** ℟. Rome Nicéphore à g. *Tr. pot.* V, *imp.* II, *cos.* II. — GB.

148. — ℟. L'Arménie accroupie au milieu d'armes et d'enseignes militaires. A l'exergue : *Armen.* MB.

149. — ℟. Victoire à g. *Tr. p.* IIII, *imp.* II, *cos.* II. — MB.

150. — ℟. Victoire portant un bouclier avec l'inscription : VIC. PAR. — MB.

151. **Lucille.** ℟. Vénus à g., portant un sceptre et une pomme. OR.

152. **Commode.** ℟. Les trois Monnaies. A l'exergue : MON. AVG. — GB.

153. — ℟. La Providence. MB.

154. **Crispine.** ℟. *Laetitia.* GB.

155. ℟. *Salus* assise à g., donnant à boire à un serpent. GB.

156. **Julia Domna.** ℟. Julie assise à g. *Mat. Augg. mat. sen. m. patr.* GB.

157. — ℟. *Venus victrix* appuyée sur une colonne et portant une palme et un casque. MB.

158. **Julia Domna.** ℞. *Venus victrix* à dr., portant une palme et une pomme. GB.

159. **Caracalla.** ℞. La Fortune assise à g., avec gouvernail et corne d'abondance. *Fort. red. p. m. tr. p.* XIIII, *cos.* III, *p. p.* GB.

160. — ℞. Mars Nicéphore à g. *P. m. tr. p.* XVI, *cos.* IIII, *p. p.* GB.

161. — ℞. Même type. *P. m. tr. p.* XII, *cos.*, etc. GB.

162. — ℞. Même type. 17e puissance tribunicienne. GB.

163. — ℞. Lion radié à g., portant la foudre ailé. MB.

164. **Geta.** Tête barbue et laurée. ℞. Sacrifice. 2e puissance tribunicienne. GB.

165. — Même tête. ℞. La Fortune assise à g. 3e puiss. trib. GB.

166. — Même tête. ℞. Un guerrier érigeant un trophée. MB.

167. **Macrin.** ℞. Femme tenant des enseignes militaires. MB.

168. **Diaduménien.** ℞. Diad. debout à g., derrière, deux enseignes : *Princ. iuventutis.* GB.

169. **Julia Maesa.** ℞. La Piété sacrifiant. GB.

170. **Sévère Alexandre.** ℞. Rome assise à g. *Romæ æternae.* GB.

171. — ℞. Char triomphal. 8e puiss. trib. MB.

172. **Gordien d'Afrique père.** Buste lauré avec le paludament. à dr. IMP. CAES. M. ANT. GORDIANVS AFR. AVG. ℞. Gordien debout à g. tenant un sceptre et un rameau d'olivier. P. M. TR. P. COS. PP. — GB.

173. **Gordien d'Afrique fils.** Même avers. ℞. Rome assise à g. ROMAE AETERNAE. A l'exergue : S. C. — GB.

174. **Balbin.** ℞. La Libéralité des Augustes. GB.

175. **Gordien** III. ℞. La Fortune assise. MB, avec une très-belle patine verte.

176. — ℞. L'Allégresse. GB.

177. **Trajan Dèce.** ℞. La Dacie. MB.

178. **Florien.** Buste lauré à dr. avec le paludament. IMP. C. M. ANN. FLORIANVS. P. AVG. ℞. Les trois Monnaies. MONETA AVG. Médaillon. Diam. 0,035.

179. **Anastase.** ℞. La Victoire assise à dr. et écrivant sur un bouclier. Demi-sou d'or. — Justinien Ier. Même type. Demi-sou d'or.

180. **Léon V et Constantin VII.** Sou d'or (Sabatier, pl. XLII, 7), avec les deux bustes de face.

181. **Constantin XIII.** Son d'or concave (*ibid.* pl. L, 2).

182. **Alexis Ier Comnène.** Sou d'or concave (*ibid.*, pl. LII, 2).

183. **Manuel Ier Comnène.** Sou d'or concave (*ibid.*, pl. LV, 2).

MÉDAILLES OSTROGOTHES.

Nous avons ajouté à chaque pièce le prix marqué dans l'ouvrage de M. Sabatier.

184. RICIMER. Tête impériale ; légende fruste. ℞. Monogramme dans une couronne. PB, plus complet que celui publié par M. de Lagoy, *Explication*, pl. I, 1. — 2 pièces.

185. ODOACER. Buste d'Anastase, légende fruste. ℞. Monogramme dans une couronne. PB.

186. AMALARIC. Monogr. chrétien dans une couronne. ℞. Monogramme dans une couronne. PB.

187. THÉODORIC. Buste d'Anastase. DN. ANASTASIVS P. P. AVG. ℞. Monogramme de Théodoric entre une croix et une étoile. INVICTA ROMA. 2 p. d'argent. Sabatier, pl. XVIII, 3. Fr. 5

188. — Mêmes types avec légendes barbares. ℞. INVITA ROMA.—AR.

189. — Buste cuirassé d'Anastase. DN. ANASTASIVS P. P. ℞. Monogramme de Théodoric dans une couronne. Sab. pl. XVIII, 4.—AR. 3 pièces. 5

190. — Buste de Justin Ire. DN. IVSTINVS P. AVG. ℞. Monogramme de Théodoric dans une couronne. Sab. XVIII, 5. — AR. 2 pièces. 6

191. — Buste de Justin Ier (?). ℞. Monogramme. PB.

192. ATHALARIC. Buste casqué de Rome. INVICTA ROMA. ℞. Dans une couronne : DN. ATHALARICVS REX. Sab., pl. XVIII, 10. PB. 8

193. — Même avers. ℞. Le roi debout tenant une haste et un bouclier. DN. ATALARICVS (*sic*). Dans le champ : SXC. Sab., pl. XVIII, 12. PB. 4

194. — Même avers. ℞. DN. ATHALARICVS. Au milieu : V. Sab., pl. XVIII, 13. PB. 10

195. — Buste de Justin, ...INVS PFA... ℞. ...ARICVS REX. XX. — Buste de Justin. Légende brisée. ℞. ATH..ARI... R...

De ces deux petites pièces d'argent, la première est unique (Sab., pl. XVIII, 15), l'autre qui lui sert de complément, inédite.

196. — Buste de Justin Ier. DN. IVSTINVS P. F. AV. ℞. Dans une couronne : DN. ATHALARICVS. Sab., pl. XVIII, 17. AR. 5

197. — Buste de Justinien. DN IVSTINIAN. AVG. ℞. Dans une couronne, monogramme d'Athalaric entre une croix, une couronne et les lettres DN. Sab., pl. XVIII, 19. AR. 5

198. ATHALARIC. Même avers. ℟. Dans une couronne : DN. ATHALARICVS. RIX (*sic*). Sab., pl. XVIII, 20. Æ (2 pièces). 5

199. — Buste de Justinien. IVSTINIANI. ℟. Monogramme d'Athalaric dans une couronne. Sab. pl. XVIII, 21. PB. 2 pièces. 3

200. THÉODAHAT. Buste couronné du roi. DN. THEODAHATVS REX. ℟. Victoire. VICTORIA PRINCIPIS. Dans le champ : S. C. Sab. n° 3. MB. 50

201. — Buste casqué de Rome. INVICTA ROMA. ℟. Dans une couronne : DN. THEODAHATHVS (*sic*) REX. Sab., pl. XVIII, 26 (variété). PB. 2 pièces. 10

202. — Buste cuirassé de Justinien. DN. IVSTINIAN. AVG. ℟. Dans une couronne, le monogramme du roi. Sab., pl. XVIII, 27. Æ. 2 pièces. 25

203. — Même avers. ℟. Dans une couronne : DN. THEODAHATHVS RIX. Sab., pl. XVIII, 28. Æ. 15

204. — Même pièce en PB. Sab., pl. XVIII, 33. 6

205. — Même avers. ℟. Monogramme du roi. Sab., pl. XVIII, 32. PB. 2 pièces. 20

206. WITIGÈS. Buste de Justinien. DN. IVSTINIANVS. AVG. ℟. Dans une couronne : DN. VVITIGIS (et VVITICES) REX. Sab., pl. XIX, 1 (variété). Æ. 2 pièces. 25

207. — Buste casqué de Rome. INVICTA ROMA. ℟. Dans une couronne : DN. VVITIGIS REX. Sab., pl. XVIII, 37. PB. 3

208. MATASVNDA. Buste de Justinien. DN. IVSTI..... PP. ℟. Monogr. et croix. Sab., pl. XIX, 2. Æ. 20

209. ERRARIC. Buste de Justinien. DN. IVSTINIANVS. P. F. A. ℟. Monogr. du roi dans une couronne. Sab., pl. XVIII, 35. Æ. 20

210. BADVELA. Buste du roi de face. DN. BADVELA REX. ℟. Même légende dans une couronne et en quatre lignes. Sab., pl. XIX, 3. PB. 2 pièces, 4

211. — Buste tourelé de femme. FELIX TICINVS. ℟. Dans une couronne : DN. BADVILA REX. Sab., pl. XIX, 6. PB. 25

212. — Buste d'Anastase. DN. ANASTASIVS. ℟. Dans une couronne : DN. BADVILA REX. Sab., pl. XIX, 12. Æ. 100

213. — Autre exemplaire.

214. — Buste de face. DN. BADVILA. ℟. Lion. Sab., pl. XIX, 9. PB. 4 pièces.

215. — Buste d'Anastase. Légende fruste. ℟. DN. REX B. Sab., pl. XIX, 15. PB. 3 pièces se complétant l'une l'autre. 3

216. Même avers. ℟. Monogramme. PB. *Inédit.* 5 pièces.

217. BADVELA. Buste de Justinien. Légende défectueuse. ℞. Monogramme du roi dans une couronne. Sab., pl. XIX, 18 (nº 17). Æ. 100

218. THEIA. Buste cuirassé d'Anastase. DOMNOIANASTASIVO (*sic*). ℞. Dans une couronne: DN. THEIA REX. Sab., pl. XIX, 20. Æ. 80

219. — Même buste. Fin de légende : ...SIVS PP. AVG. ℞. DN. THEIA REX. Sab. pl. XIX, 19. Æ. 100

220. ROME. Buste casqué de Rome. INVICTA ROMA. ℞. Aigle éployé. XL. Variété de Sab., pl. XIX, 25. MB. 2 pièces. 3

221. — Même av . ℞. La Louve et les jumeaux. En haut : XL ; à l'exergue, II. Sab., nº 3. MB. 4

222. — Même avers. ℞. Même type. En haut : deux étoiles; à l'exergue : XX. Variété de Sab. nº 4. PB. 3

223. — Même avers. ℞. Arbre entre deux aigles. A l'exergue : XX. Sab., pl. XIX, 28. PB. 3

224. RAVENNE. Buste tourelé de femme. FELIX RAVENNA. ℞. Aigle entre deux étoiles. A l'exergue : X. Sab. pl. XIX, 33. PB. 20

225. Même avers. ℞. Monogramme de Ravenne dans une couronne. Sab. pl. XIX, 31. PB. 2 pièces. 3

226. ANONYMES, etc. Quinze PB portant des monogrammes ; un avec la légende RIX PIVS.

227. — Une pièce d'or (roi lombard), deux pièces d'Æ et dix-sept PB.

MONNAIES BURGONDES.

228. GONDEBAVD. Buste dans une couronne. ℞. Monogr. et l'indice CV dans une couronne. PB.

MONNAIES VANDALES.

229. HVNERIC. Buste diadémé du roi. DN. HONORI.... ℞. Croix. Légende [*feli*]X. KARTH[*ago*]. PB. Inédit.

Cette pièce présente un grand intérêt parce qu'elle confirme l'opinion de M. Friedlaender qui, le premier, a attribué aux Vandales les monnaies d'*Honori*[c]*us*.

230. GVNTHAMVND. Buste diadémé. DN. RX. GVNTHA. ℞. D. N dans une couronne. Sab., pl. XX, 3. Æ. 100

231. THRASAMVND. Buste du roi. Légende : ....SAMVNDVS. ℞. Dans une couronne : DN. L. Sab., pl. XX, 6. Æ. 100

232. HILDIRIX. Buste diadémé. DN. HILDIRIX REX. ℞. Femme drapée

de face, tenant des épis dans chaque main. FELIX KARTG. Sab., pl. XX, 11. Æ. 120

233. GEILAMIR. Buste du roi. DN. REX GEILAMIR. ℟. Dans une couronne : D. N entre une croix et l'indice L. Sab., pl. XX, 17. Æ. 150

234. — Buste. GEILAMIR. ℟. Monogramme dans une couronne. Sab., pl. XX, 19. — 2 PB qui se complètent l'un l'autre. 25

235. CARTHAGE. Buste de cheval bridé, à g. A l'exergue : XXI. ℟. Homme debout s'appuyant sur une haste. KARTHAGO. Sab., pl. XX, 23. PB. 3

236. — Buste d'un roi à g., tenant une palme. ℟. N IIII. Sab., pl. XX, 21. PB. 6

237. — Dans une couronne de laurier : déesse de face tenant dans chaque main une poignée d'épis. ℟. N XLII dans une couronne. Sab., pl. XX, 25. MB. 2 pièces. 6

238. — Même avers. ℟. N XXI. Sab., pl. XX, 26. PB. 4

239. — Même avers. ℟. N XII. Sab., pl. XX, 27. PB. 4

EMPEREURS D'OCCIDENT.

240. **Rome**. Buste casqué de Rome. ℟. XV dans une couronne. Æ. Inédit.

241. **Sévère III** (461-465). Buste diadémé. DN LIB SEVERVS P F AVG. ℟. Le monogramme chrétien dans une couronne. Æ. Cohen, 11. 25

242. **Anthème** (467-472). Buste diadémé. DN ANTHE..... ℟. ANTHE en monogramme dans une couronne. A l'exergue : RM. Cohen 24. PB. 50

EMPEREURS BYZANTINS.

243. **Théodose II** (408-450). Buste diadémé. DN THEODOSIVS P F AVG. ℟. Croix dans une couronne. CON. Sabatier, 33. PB. 5

244. — Même avers. ℟. Monogramme dans une couronne. 3 PB, dont deux frappés à Constantinople, un à Nicée. Sab. 34. 10

245. **Marcien** (450-457). Buste diadémé. DN MARCIANVS PF AVG. ℟. Monogramme dans une couronne. PB (4 exemplaires) Sab. 11. 6

246. — Même avers. ℟. Monogramme. PB (2 exempl.). Sab., 12. 25

247. **Léon I**er (457-474). Buste. DN LEO P F AVG. ℟. Lion à g. CON. — PB.

248. **Zénon** (474-91). Buste. IMP. ZENO FELIX, etc. ℟. Victoire. INVICTA ROMA. A l'exergue : XL. Sab., 16. MB. 40

249. **Zénon** (474-91). Buste. ℟. Monogramme dans une couronne. 3 PB. Sab., 19. 5

250. **Léonce** Ier (484-88). Buste. DN LEONS (*sic*) P F AVG. ℟. Monogramme dans une couronne. 5 PB. Voir Lagoy, *Recherches sur les monogr.*, pl. I, 6.

251. **Anastase** (491-518). Buste. DN ANASTASIVS AVG. ℟. Étoile dans une couronne. Sab. pl. VIII, 29. Æ. 8

252. — 3 Follis frappés à Constantinople. — Un demi-follis (Sab., pl. IX, 10). BR.

253. **Justin I**er (518-527). Buste de face. DN IVSTINVS PP AVG. ℟. Victoire à g. tenant une croix. VICTORIA AVGGG. — Iς. A l'exergue : CONOB. Sab., pl. IX, 21 (variété). Sou d'or. 20

254. — Même avers. ℟. Dans une couronne : SAL. REI. PVI. A l'exergue : CONOB. Tiers de sou d'or, *inédit*.

255. — Deux Follis fr. à Const. et à Thessalonique. — Demi-follis. — Pièce avec l'indice IB. — 3 pièces avec la ville d'Antioche et l'indice Є.

256. **Justin et Justinien**. Les deux empereurs assis de face. ℟. La Victoire. Sab., pl. XI, 19. OR. 200

257. **Justinien** (527-565). Buste. DN IVSTINIANVS PP. AC. ℟. Dans une couronne : VOT. MVLT. HTI. A l'exergue : CONOS. Sab., pl. XII, 11. Æ. 12

258. — ℟. CN dans une couronne. 2 pièces. Sab., pl. XII, 13. Æ. 8

259 — ℟. PK dans une couronne. Sab., pl. XII, 18. Æ. 8

260. — Follis fr. à Const. (an XV). Beau.

261. — 3 autres plus petits, fr. à Const. (an 35 et deux sans date).

262. — 4 decanummia fr. à Const., dont l'un de l'an 33.

263. — Follis fr. à Cyzique (an XIII). Beau.

264. — Autre plus petit (an XXI).

265. — Très-beau follis de l'an XV, frappé à Nicomédie.

266. — 2 autres de l'an XIII.

267. — 4 plus petits (dont l'un de l'an 19) et un demi-follis de l'an 17.

268. — Follis (an 28) fr. à Theupolis. — Autre sans date. — Demi-follis et 3 décanummia du même atelier (un de l'an 24).

269. — 8 pentanummia. ℟. Monogramme de Justinien ou son buste.

270. — Follis de l'an 34, fr. à Ravenne.

271. **Justinien** (527-565). 7 PB divisionnaires, dont un fr. à Alexandrie, trois avec l'indice S, deux autres avec V.

272. — Follis de l'an XIII, fr. à Carthage.

273. — Deux plus petits et 2 demi-follis (an XIII) du même atelier.— Pièce divisionnaire avec l'indice X.

274. — 13 PB, dont 5 avec des monogrammes, un avec l'indice Δ, 2 ayant au ℞ un lion, 2 une étoile et 3 une croix.

275. **Justin II** (565-578). 6 PB, dont 2 demi-follis (un fr. à Thessalonique) et deux pièces fr. à Carthage.

276. **Justin et Sophie.** 4 follis (ans 4, 5, 8) et un demi-follis (an 5), fr. à Constantinople.

277. — 3 follis (ans 6, 8, 13), un demi-follis (an 10) et deux decanummia (ans 8 et 13), fr. à Theupolis.

278. — 5 follis (ans 2, 3, 6, 8, 13) et 2 demi-follis (an 2 et 4), fr. à Nicomédie.

279. — Follis et demi-follis de l'an X, fr. à Cyzique. — Demi-follis de Thessalonique (an XI). — 2 follis de Carthage (dont l'un de l'an VIII) et 3 demi-follis d'ateliers indéterminés.

280. **Tibère Constantin** (578-582). Buste de face. ℞. Croix sur quatre degrés. Sab., pl. XXII, 13. OR. 35

281. — 2 follis (ans 1 et 5) et une pièce portant l'indice XXX, frappés à Constantinople.

282. — 3 follis (ans 4, 5, 6) et un decanummium, fr. à Nicomédie.

283. — 3 follis (ans 1, 4, 5), une pièce à l'indice XX (an 9) et 5 decanummia fr. à Theupolis. — 1 PB à l'indice IB, fr. à Alexandrie.

284. **Maurice Tibère** (582-602). Buste de face. ℞. La Victoire de face. Sab., pl. XXIV, 10. OR. 20

285. — 5 follis (ans 1, 4, 5, 8, 20) et un decanummium fr. à Constantinople.

286. — 3 follis (ans 5, 16, 20), fr. à Cyzique.

287. — 3 follis (ans 8, 12, 13) et un decanummium (an 12), de Theupolis.

288. — Demi-follis fr. à Ravenne et decanummium. Sab., pl. XXV, 31.

289. — Demi-follis (indice : XX), fr. à Carthage. Sab., pl. XXV, 16.

290. — 3 decanummia (indice : X) et un PB avec l'indice : Є.

291. — Demi-follis fr. à Rome (indice XX). — Decanummium. — PB fr. à Alexandrie (indice : IB). — Demi-follis de l'an X; atelier : KωN. Sab., pl. XXV, 4.

292. **Maurice Tibère, Constantine et Théodose.** Follis (indice : H). Sab., pl. 26, 24.

293. — Demi-follis. Manque dans Sabatier.

294. **Focas** (602-610). Buste de face. ℞. Victoire de face. Sab., pl. XXVI, 27. OR. 20

295. — ℞. ΦK dans une couronne. Sab., pl. XXVI, 32. AR. 5

296. — 3 follis : XXXX (an 4), fr. à Thessalonique; XXXX, fr. à Nicomédie; M (an 8), fr. à Theupolis.

297. — 3 demi-follis (indice : XX) fr. à Const., à Cyzique et à Carthage. — 2 décanummia (indice : X).

298. **Focas et Léontia** (602-610). Follis (an 2) fr. à Const. — Autre, très-beau, de l'an 3, fr. à Theupolis.

299. **Héraclius I**er (610-641). Buste de face. ℞. Croix sur trois degrés. Sab., pl XXVIII, 8. OR. 20

300. — ℞. Dans une couronne : H+R. Manque dans Sabatier. AR.

301. — ℞. HP en monogramme. Sab., pl. XXVIII, 15. AR. 5

302. — Buste de face. ℞. Monogramme. Sab., pl. XXVIII, 24. AR. 10

303. — ℞. Croix dans une couronne. *Ibid.*, 20. AR. 5

304. — Follis de Justinien avec deux contremarques d'Héraclius pour la Sicile.

305. — 2 follis d'Anastase et de Justin avec les mêmes contremarques.

306. — Follis de Thessalonique (an 4). — Decanummium de l'an 8, fr. à Catane. — PB (indice X.X€) fr. à Carthage.

307. — Decanummium d'Héraclius consul. Sab., pl. XXVIII, 6. 25

308. **Héraclius et Héraclius-Constantin** (613-641). Les deux bustes de face. ℞. Croix sur quatre degrés. Différend : €; dans le champ : N. Sab., pl. XXIX, 18. OR. 20

309. — Les deux princes assis de face. ℞. *Deus adiuta Romam*. Sab., pl. XXIX, 23. AR. 50

310. — 3 follis (dont un de l'an 4), fr. à Alexandrie, Cyzique et Nicomédie. — Demi-follis (an 4), fr. à Thessalonique. — Autre (indice : XX) fr. à Rome. — 3 PB fr. à Alexandrie.

311. **Héraclius, Héraclius-Constantin et Martine**. Très-beau follis de l'an XVI, fr. à Ravenne. Sab., pl. XXXI, 1. 10

312. — 5 follis fr. à Nicomédie (an 17), Chypre (an 18), Cyzique (an 18), Thessalonique (an 19) et Constantinople (an 30).

313. **Héraclius, Héraclius-Constantin et Héracléonas.** Les trois princes debout et de face. ℞. Croix sur quatre degrés. Différend : B. Sab., pl. XXXI, 6. OR. 20

314. — ℞. *Deus adiuta Romanis*. Sab., pl. XXXI, 7. AR. 40

315. — 3 PB, dont un fr. à Rome (indice K), un à Alexandrie.

316. **Constant II** (641-668). Sou d'or. Différend : B. Sabatier, pl. XXXII, 5. 25

317. — Miliarésion. Sab., pl. XXXII, 9. AR. 10

318. **Constant II** (641-668). ℟. Croix et deux globules. Sab., 11. AR. 30

319. — 2 PB, dont l'un très-épais et fr. à Alexandrie.

320. — 4 PB à l'indice XX, dont 3 fr. à Carthage.—Autre avec l'indice VV.— Autre (de l'an 1) avec l'indice I.

321. **Constant II et Constantin Pogonat** (654-659). Sou d'or. Différend : B. Sab., pl. XXXIV, 2. 25

322. — Demi-follis (an 4). Sab., pl. XXXIV, 9. 5

323. **Constant II, Constantin Pogonat, Héraclius et Tibère** (659-668). Sou d'or. Sab., pl. XXXIV, 15. 200

324. — 3 PB dont l'un avec les quatre princes debout.

325. **Constantin Pogonat, Héraclius et Tibère** (668-669). Miliarésion. Variété de Sab., pl. XXXV, 17. AR. 50

326. — 3 PB aux indices M et K.

327. **Constantin IV Pogonat** (669-685). Trois PB à l'indice K.

328. **Justinien II** (685-711). Deux PB, dont l'un fr. à Rome. Variété de Sab., pl. XXXVII, 22. 20

329. **Tibère V** (698--705). Deux PB aux indices M et K.

330. **Justinien II et Tibère IV**. Sou d'or. Sab., pl. XXXVIII, 9. 100

331. **Léon III** l'Isaurien (716-741). Sou d'or ; différend : C. Sab., pl. XXXIX, 7. 50

332. **Léon III et Constantin V Copronyme**. Sou d'or. De chaque côté un buste de face. Variété de Sab., pl. XXXIX, 25. 40

333. — Sou d'or pâle. *Ibid.* 40

334. — Tiers de sou d'or. Sab., 27. 30

335. — Le même en or pâle. 30

336. **Constantin V et Léon IV Chazare** (751-775). Deux PB avec l'indice M.

337. **Constantin VI et Irène** (780-802). Croix. *Jhsus Xristus nica.* ℟. *Constantino*, etc. Sab., pl. XLI, 10. AR. 100

338. — PB. Sab., pl. XLI, 8. 25

339. **Nicéphore Ier et Staurace** (802-811). Sou d'or. Sab., pl. XLI, 17. Très-beau. 100

340. **Michel II et Théophile** (821-842). Sou d'or, très-beau et troué. Sab., pl. XLII, 17. 40

341. — Demi-sou d'or épais. *Ibid.*, 20. 30

342. — 2 PB avec l'indice M.

343. **Théophile** (829-842). Demi-sou d'or épais. *Ibid.*, pl. XLIII, 9. 15

344. — PB avec l'indice M. *Ibid.*, 13. 5

345. **Michel III** (842-867). MIXAHL PISTOS, etc. ℞. Croix. Sab., pl. XLIV, 13. Æ. 100
— 2 PB avec l'indice M.
346. **Michel III et Théodora**. Sou d'or. Sab., pl. XLIV, 7. 300
347. **Théophile, Michel III et Constantin VIII**. Sou d'or. Sab., pl. XLIII, 16. 80
348. — Sou d'or. Sab., pl. XLIII, 15. 50
349. — PB avec les trois bustes.
350. **Michel III et Basile Ier** (866-867). Tiers de sou d'or. Sab., pl. XLIV, 15. 50
351. **Basile Ier et Constantin IX** (869-870). Sou d'or. Sab., pl. XLIV, 22. 30
352. — Très-belle pièce d'Æ. Sab., pl. XLV, 1. 30
353. — PB. Sab., *ibid.*, 3. 10
354. **Léon VI** (886-912). +LEONCE CONSTANTIN. EN Xω EVSEBIS BASILI ROM. ℞. Croix, etc. Variété de Sab., pl. XLV, 12. 50
355. **Léon VI et Alexandre** (886-911). 2 PB. *Ibid.*, 17.18.
356. **Romain Ier, Constantin X, Étienne et Constantin** (928-944). Pièce d'Æ. Sab., pl. XLVI, 11. 60
357. **Romain Ier et Christophe**. Sou d'or. *Ibid.*, 12. 40
358. **Constantin X et Romain II** (948-959). Sou d'or. Sab., pl. XLVI, 18. 30
359. — Pièce d'argent. *Ibid.*, pl. XLVII, 1. 25
360. **Nicéphore II Focas et Basile II**. Sou d'or. Sab., pl. XLVII, 11. 75
361. **Nicéphore II**. Sou d'or. Sab., pl. XLVII, 12. 50
362. — Pièce d'argent. *Ibid.*, 13. 50
363. **Jean Zimiscès** (969-976). Pièce d'argent. Pl. XLVII. 19. 25
364. — 2 GB (Sab., pl. XLVIII, 2.3), beaux.
365. **Basile II et Constantin XI** (976-1025). Sou d'or. Sab., pl. XLVIII, 14. 45
366. **Romain III** (1028-1034). Sou d'or. Sab., pl. XLIX, 2. 30
367. **Constantin XII** (1042-1055). Sou d'or. *Ibid.*, 5. 40
368. **Théodora** (1055-1056). Sou d'or. *Ibid.*, 13. — Troué. 200
369. — Sou d'or de petit module. *Ibid.*, 14. 180
370. **Isaac Ier Comnène** (1057-1059). Sou d'or concave. Sab., *ibid.*, 17. 40
371. **Constantin XIII Ducas** (1059-67). Sou d'or. Sab., pl. L, 5. 40
372. — GB. Sab., *ibid.*, 8. 5
373. **Romain IV, Eudocie et ses trois fils** (1067-70). Sou d'or concave. Sab., pl. L, 11. 50

374. **Romain IV**. Un MB. Sab., pl. LI, 3. 10
375. — Petite pièce d'argent. *Ibid.*, 2. Légende fruste. 100
376. **Michel VII** (1071-78) **et Marie**. Sou d'or. Pl. LI, 9. 150
377. **Nicéphore Botaniate** (1078-81). Sou d'or concave. Pl. LI, 14. 50
378. **Alexis Ier Comnène** (1081-1118). Sou d'or concave. Pl. LII, 2. 30
379. — 4 pièces de BR de différents modules.
380. **Jean II Comnène** (1118-43). Sou d'or concave. Pl. LIII, 14. 25
381. — Sou d'or concave. Manque dans Sabatier.
382. **Jean II et Alexis**. 5 pièces concaves en BR.
383. **Manuel Ier Comnène** (1143 80). Pièce concave en Æ. Sab., pl. LV, 10. 100
384. — 14 pièces de cuivre.
385. — 10 pièces concaves en cuivre.
386. **Andronic Comnène** (1182-85). Trois pièces de cuivre, dont une concave.
387. **Isaac l'Ange** (1185-95). 10 pièces concaves en cuivre, une oblongue.
388. **Alexis III** (1195-1203). Quatre pièces de billon concaves. Manquent dans Sabatier.
389. — 9 pièces de cuivre.
390. **Empereurs latins** (1204-1261). Deux pièces de cuivre. Sab., pl. LVIII, 15.
391. **Andronic II Paléologue** (1282-1328) **et Michel IX**. Sou d'or concave. Sab., pl. LX, 12. 40
392. — Pièce de cuivre. Pl. LXI, 7. 10
393. — Quatre autres, très-rares et de bonne conservation.
394. **Andronic II et Andronic III**. Sou d'or. Sab., pl. LXI, 13. 250
395. — Pièce d'argent. *Ibid.*, 15. 30
396. — Pièce de BR. *Ibid.*, 16. 15
397. **Jean V Paléologue** (1341-91). Un PB. Pl. LXII, 18. 50
398. **Empire de Nicée**. 4 pièces de cuivre.
399. Quatorze pièces fr. à Kherson (Romain Ier, Constantin X et Romain II, Romain II, Romain II et Basile II, Nicéphore II Focus, Jean I Zimiscès). Très-belles et en partie très-rares.
400. **Empire de Trébisonde. Manuel Ier Comnène** (1238-63). Pièce d'argent. Sab., pl. LXVII, 14. Trois exempl. 6
401. **Jean II** (1280-97). Pièce d'argent. *Ibid.*, LXVIII, 3. 6
402. **Alexis IV** (1417-47). Deux pièces d'argent. *Ibid.*, LXIX, 25. 10
403. — 4 petites pièces de BR.

404. 10 byzantines surfrappées. BR.
405. 7 imitations arabes. BR.
406. Une petite bulle de plomb.
407. Sous ce numéro sera vendu un grand nombre de médailles non cataloguées.

ANTIQUITÉS CHYPRIOTES

BIJOUX D'OR.

1. Bague d'enfant avec l'inscription ЄΠ ΑΓΑΘω en pointillé.
2. Une autre portant la même légende.
3. Deux autres, légendes moins distinctes.
4. Bague ornée d'une cornaline (buste de Mercure à g. avec un caducée).
5. Bague avec un petit grenat en cabochon.
6. Une paire de boucles d'oreilles de l'ancien style, ornées de têtes de bouquetins.
7. Une paire analogue, plus petite.
8. Une paire de boucles d'oreilles ressemblant à une moitié de grain de raisin surmontée d'un petit disque plat.
9. Une paire analogue, moins grande.
10. Une paire de boucles d'oreilles en forme de grains de raisins, surmontés chacun d'un petit disque plat.
11. Une paire de boucles d'oreilles : anneau formé par un cordonnet et un petit disque hémisphérique.
12. Une paire de boucles d'oreilles, décorée chacune d'une pâte de verre blanche.
13. Une paire de boucles d'oreilles en forme de lentille.
14. Une autre ornée de grenats en cabochon (l'un des grenats manque).
15. Une paire de pendants d'oreilles en forme de feuilles d'olivier.
16. — ornée de pâtes de verre.
17. 3 paires de boucles d'oreilles d'enfant en forme d'anneau terminé par un petit disque hémisphérique.
18. 2 paires analogues, décorées de petits globes.
19. Une paire pareille au n° 15.
20. Une paire analogue au n° 18, décorée de perles en pâte de verre.

21. Une paire formée par deux petits disques. — Une autre en forme d'anneau découpé dans une feuille d'or.
22. Une paire de pendants d'oreilles ornés de pâtes de verre et de petits globes.
23. 2 paires pareilles au n° 17.
24. 2 paires en forme de simple anneau.

---

25. Un alabastron phénicien en albâtre.
26. Autre, plus petit.

TERRES CUITES.

27. Figurine de Vénus sur sa base. — Homme assis sur un char. — Ane portant un vase. 3 figurines du style le plus ancien.

CÉRAMIQUE.

28. Guttus en forme de bouquetin ; ornements géométriques peints en noir. Style très-ancien.
29. Oenochoé du même style : trois hérons dévorant des serpents. Peinture noire et rouge.
30. Quatre petites amphores du même style.
31. Un lot de vases de la même époque, mais de formes variées.
32. Petite kalpis en terre blanche.
33. Grande oenochoé à panse sphérique, en terre rouge avec ornements peints en noir.
34. Un lot de vases de la même fabrique. Formes variées.
35. Trois lampes : Actéon. — Amour domptant un lion. — Cerf.
36. — Actéon. — Cerf. — Enfant bachique.
37. — Course de chevaux. — Cheval tombé. — Griffon à dr.
38. — Deux enfants couchés. — Triton. — Trophée ℞. Δ.
39. — La Fortune. — Guerrier à cheval. ℞ I. — Guerrier à cheval, brandissant sa lance.

40. — Griffon à g. — Colombe perchée sur un rameau. — Couronne de chêne.

41. — Calice de fleur. — Rameaux entrelacés. ℟ A. — Coquille. ℟ FAUSTI.

42. Une lampe : Calice de fleur. ℟ ROMANESIS.

42 *bis.* Sous ce numéro sera vendu un grand nombre de vases non décrits.

VERRERIE

VERRES OPAQUES.

43. Amphorisque ; jaune, bleu et brun.

44. — terminé en pointe (l'une des anses est brisée); blanc, jaune et brun.

45. Petit balsamarium, muni de deux oreillettes ; bleu et jaune.

46. Flacon à long goulot ; bleu et jaune.

47. Bombylios avec deux petits appendices formant anse ; blanc, bleu et jaune.

VERRES DE COULEUR.

48. Petite patère en verre jaune.

49. Petite coupe (brisée) en verre jaune.

50. Une autre, évasée.

51. Flacon sphérique. Verre jaune.

52. Deux petits flacons à parfums. Verre jaune.

53. Petit flacon en verre bleu, cerclé de fils en verre blanc.

54. Autre en verre bleu clair.

55. Petit flacon piriforme ; bleu turquoise.

56. Flacon à côtes saillantes. Verre bleu.

57. Deux petits flacons à parfums. Verre bleu.

58. Trois autres de formes variées.

59. Petit *prochous* en verre blanc avec une anse et un collier bleus.

60. Flacon piriforme en verre vert.

61. — — très-belle irisation.

62. Deux autes, plus petits.

63. Trois flacons à long goulot; verre vert épais.

64. — de formes variées. Verre vert.

65. Petit flacon sphérique en verre violacé.

VERRES BLANCS.

66. Petit scyphus à une seule anse.
67. Canthare.
68. Amphorisque.
69. —
70. Deux petits flacons à deux anses.
71. Grand vase sphérique à anse plate.
72. Autre de forme conique.
73. Autre à panse cylindrique.
74. Deux petits flacons à panse quadrilatère.
75. Petit lécythus apode, à panse sphérique.
76. Deux autres, piriformes.
77. Deux petits flacons, dont l'un muni d'une anse en verre jaunâtre.
78. Trois verres analogues, de formes variées.
79. Biberon.
80. Verre comprimé, à quatre côtes.
81. Autre, plus petit.
82. —
83. — dont la partie inférieure seule est comprimée.
84. Petit verre à boire, orné d'une côte en saillie.
85. Verre évasé.
86. Grand verre à boire.
87. Verre à boire muni d'un pied.
88. — du même genre.
89. Petit verre à boire, orné d'un filet en relief.
90. — lisse.
91. Petite coupe côtelée.
92. Flacon à panse comprimée et à goulot allongé.
93. Autre ; belle irisation.
94. Deux plus petits.
95. Flacon à panse en forme de clochette ; goulot très-élevé.
96. Coupe hémisphérique en verre épais.
97. Petite patère à panse godronnée.
98. — —
99. Petite coupe godronnée.
100. Trois petites coupes avec des ornements en saillie, formant anse.

101. Petit flacon côtelé.
102. —
103. — à panse quadrilatère.
104. — en forme de pomme. Belle irisation.
105. — piriforme. Irisation bleu foncé.
106. Patère ombiliquée.
107. — excellente conservation.
108. — —
109. Patère.
110. Petite patère (anses pareilles à celles du n° 100).
111. Flacon à panse en forme de grenade.
112. Autre, plus petit, irisé.
113. Grand flacon allongé.
114. Huit petits flacons à parfums. Formes variées.
115. Petite coupe.
116. —
117. Deux petits verres sans anses, dont l'un à panse sphérique.
118. Verre piriforme, avec un filet en relief autour de l'orifice.
119. Verre analogue.
120. —
121. Verre à boire, se rétrécissant vers le bout.
122. Autre, irisé.
123. — orné de filets en saillie.
124. — à panse arrondie.
125. Deux petits flacons à parfums; très-belle irisation.
126. Deux verres du même genre.
127. Cinq verres analogues, de formes variées.
128. Flacon piriforme, irisé.
129. Trois autres, plus petits.
130. Flacon à goulot évasé.
131. Trois petits flacons irisés, de formes diverses.
132. Verre à boire, orifice évasé.
133. Autre.
134. Trois verres analogues de grandeurs différentes.
135. Une paire de petites coupes.
136. Sous ce numéro seront vendus un nombre considérable de verres non catalogués, tous dans un excellent état de conservation.

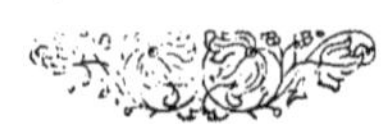

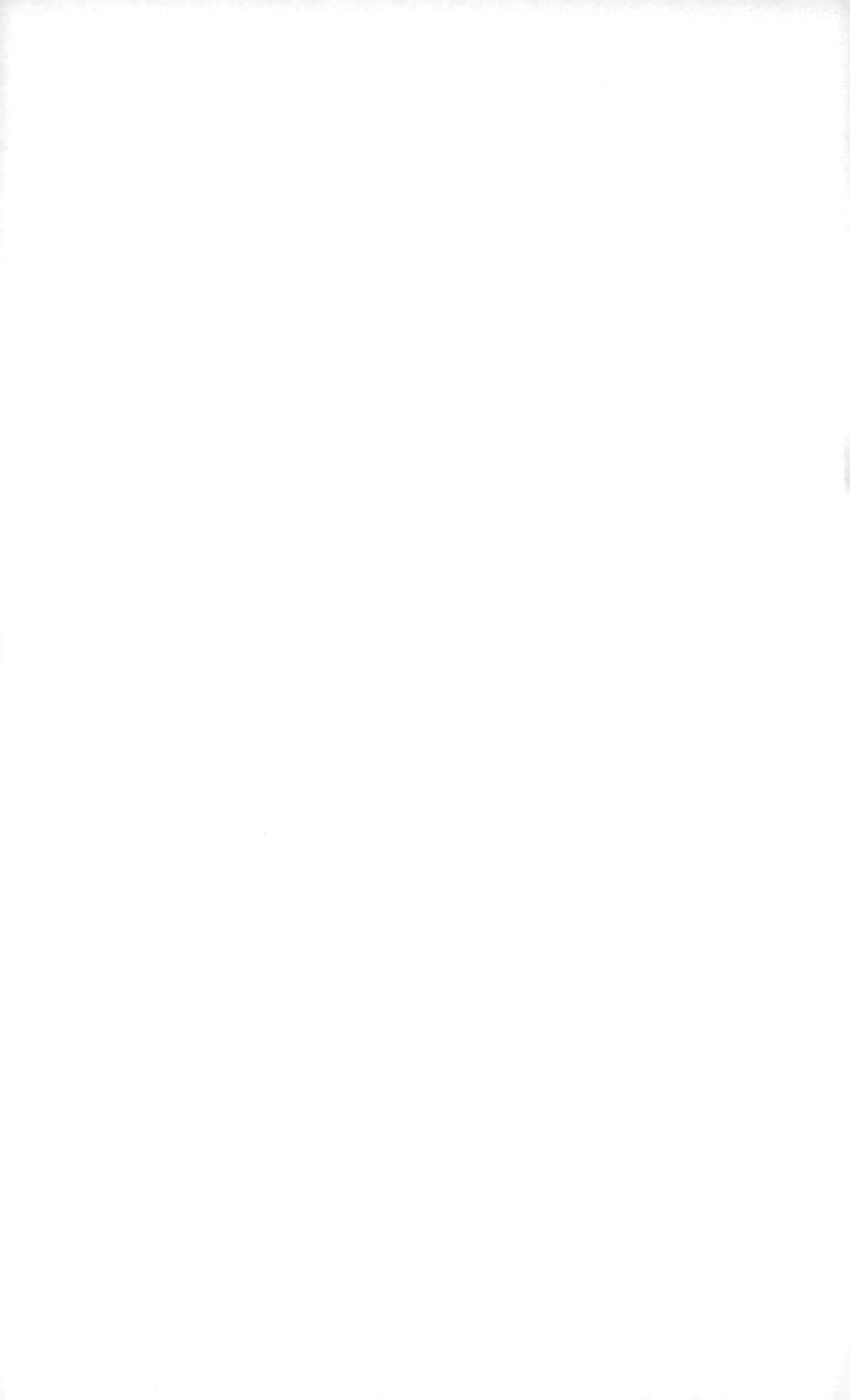

www.ingramcontent.com/pod-product-compliance
Ingram Content Group UK Ltd.
Pitfield, Milton Keynes, MK11 3LW, UK
UKHW020535180726
13839UKWH00006B/2526